AUTODISCIPLINA

El poder de la energía positiva y el control de ganancia y lograr sus objetivos hoy

(Métodos prácticos para pensar de manera efectiva, rápida y clara)

Micky Portillo

Publicado Por Jason Thawne

© **Micky Portillo**

Todos los derechos reservados

Autodisciplina: El poder de la energía positiva y el control de ganancia y lograr sus objetivos hoy (Métodos prácticos para pensar de manera efectiva, rápida y clara)

ISBN 978-1-989891-13-1

Este documento está orientado a proporcionar información exacta y confiable con respecto al tema y asunto que trata. La publicación se vende con la idea de que el editor no esté obligado a prestar contabilidad, permitida oficialmente, u otros servicios cualificados. Si se necesita asesoramiento, legal o profesional, debería solicitar a una persona con experiencia en la profesión.

Desde una Declaración de Principios aceptada y aprobada tanto por un comité de la American Bar Association (el Colegio de Abogados de Estados Unidos) como por un comité de editores y asociaciones.

No se permite la reproducción, duplicado o transmisión de cualquier parte de este documento en cualquier medio electrónico o formato impreso. Se prohíbe de forma estricta la grabación de esta publicación así como tampoco se permite cualquier almacenamiento de este documento sin permiso escrito del editor. Todos los derechos reservados.

Se establece que la información que contiene este documento es veraz y coherente, ya que cualquier responsabilidad, en términos de falta de atención o de otro tipo, por el uso o abuso de cualquier política, proceso o dirección contenida en este documento será responsabilidad exclusiva y absoluta del lector receptor. Bajo ninguna circunstancia se hará responsable o culpable de forma legal al editor por cualquier reparación, daños o pérdida monetaria debido a la información aquí contenida, ya sea de forma directa o indirectamente.

Los respectivos autores son propietarios de todos los derechos de autor que no están en posesión del editor.

La información aquí contenida se ofrece únicamente con fines informativos y, como tal, es universal. La presentación de la información se realiza sin contrato ni ningún tipo de garantía.

Las marcas registradas utilizadas son sin ningún tipo de consentimiento y la publicación de la marca registrada es sin el permiso o respaldo del propietario de esta. Todas las marcas registradas y demás marcas incluidas en este libro son solo para fines de aclaración y son propiedad de los mismos propietarios, no están afiliadas a este documento.

TABLA DE CONTENIDO

PARTE 1 1

INTRODUCCIÓN 2

GRATIFICACIÓN INSTANTÁNEA VS. GRATIFICACIÓN TARDÍA 6

ENTIÉNDETE A TI MISMO 12

SALUD, BIENESTAR, EJERCICIO Y DESCANSO 21

RELACIÓN CON LAS FINANZAS PERSONALES/GASTOS 26

ACEPTA TU VIDA POR SER LO QUE ES, CONCÉNTRATE EN LO QUE PUEDE LLEGAR A SER 31

ACEPTAR Y TOLERAR LA ANGUSTIA Y LA MOLESTIA EMOCIONALES Y FÍSICAS 33

MEDITACIÓN Y/O RESPIRACIÓN CONCENTRADA 36

SUPERAR LAS TENTACIONES 39

REPETICIÓN Y PRÁCTICA 41

RECOMPÉNSATE 44

TU PROPIA IMAGINACIÓN COMO SUSTITUTO 46

PARTE 2 49

¿QUÉ ES LO QUE QUIERES Y POR QUÉ LO QUIERES? – ¡Y POR QUÉ ES IMPORTANTE QUE PUEDAS RESPONDER ESTO! 50

SI NO SIGUE LA GUIA, NO VA A GANAR NADA DE LEER ESTE LIBRO. 53
¿Y ESO QUÉ SIGNIFICARÁ PARA TI? 57
AHORA QUE ESTAMOS CONVENCIDOS QUE EL ESTABLECIMIENTO DE METAS ES IMPORTANTE, VAMOS A HACERLO. ¡SÍ, AHORA! 59

RUTA AL ÉXITO 61

AYÚDATE – COMPORTAMIENTOS QUE APOYAN TUS METAS

.... 64

Estableciendo intenciones 64
Visualización Positiva 66
Auto-charla positiva 69

CONSTRUYENDO MEJORES HÁBITOS 73

Pregúntate: ¿Hay alguna parte de tu meta que involucre la formación de un hábito?.. 77

COMENZANDO 80

Que 'sentir las ganas' es necesario para instigar un comportamiento. 83

TRANSFORMANDO LA IDENTIDAD PERSONAL PARA AYUDAR AL CAMBIO 87

Cuando la auto-ayuda se vuelve en un estorbo..................... 92
Resolviendo el conflictointerno... 96
¿Y si le tenemos miedo al éxito? 100

Parte 1

Introducción

Existe un concepto erróneo de que el éxito es fácil de alcanzar para algunas personas, pero resulta muy difícil para otras. Pero esto, en general, es falso.

La realidad es que, el éxito no es fácil para nadie. Podemos diferenciar algunos factores escondidos que separan a las personas que consiguen el éxito de las que no.

Por supuesto, el estar en el lugar y el momento indicado, así como los contactos, los talentos innatos, el entorno y el punto de partida personal de cada uno pueden jugar un papel importantísimo en el camino hacia el éxito.

Sin embargo, por lo general, el éxito se obtiene mediante trabajo duro y eficiente, dedicación, diligencia, práctica, motivación y perseverancia. Y, en el centro de todos estos factores se sitúa lo que conocemos como autodisciplina.

La autodisciplina es la capacidad de controlar los propios pensamientos y las propias acciones de tal manera que nos conduzca hacia la meta final. Cuando tienes una gran autodisciplina resulta sencillo superar los obstáculos, evitar las distracciones y resistirse a las tentaciones que te separan de tu objetivo.

El arte de la autodisciplina se remonta al comienzo de la conciencia humana.Desde el principio del desarrollo humano, la autodisciplina ha participado en la supervivencia:

> Quien guardaba suficiente comida de la caza o el forrajeo para consumirla cuando la disponibilidad de alimentos fuera menor o inexistente era, generalmente, quien sobrevivía.

> Quien construía una casa maciza y robusta (independientemente del material) que pudiera resistir los elementos naturales -ya fuese el clima, la fauna o la temperatura- era,

generalmente, quien sobrevivía.

> Quien confeccionaba suficiente ropa para poder soportar los cambios de temperatura del entorno era, generalmente, quien sobrevivía.

La autodisciplina puede adoptar distintas formas.
La más básica es simplemente la práctica de resistir cualquier deseo que te aleje de tus objetivos actuales.Esta forma de autodisciplina se denomina restricción.

Otra variedad dentro de la autodisciplina incluye ignorar malestar, molestias, dolores y desagrados físicos.Esta variedad de autodisciplina se denomina autocontrol. El autocontrol incluye entrenar a tu cuerpo para que sea capaz de alcanzar logros que no corresponden al cuerpo humano normalmente, como por ejemplo caminar sobre rocas ardiendo.

La autodisciplina también incluye aceptar las situaciones que son temporales y esperar los resultados deseados sin estrés y conflictos interiores. Esta forma de autodisciplina se denomina paciencia.

La autodisciplina también incluye no abandonar los planes que tenemos o los resultados deseados cuando las cosas se ponen difíciles, exigentes o frustrantes. Es terminar lo que ya has empezado, incluso cuando el camino es duro. Esta variedad de autodisciplina se denomina dedicación y perseverancia.

Y por último, la autodisciplina puede tratarse de desviar la fortaleza mental para seguir caminando hacia delante, hasta cuando los obstáculos parecen imposibles de superar. Esta forma de autodisciplina se denomina fuerza de voluntad.

No importa el aspecto dentro de la autodisciplina en la que decidas centrarte primero... todas están estrechamente relacionadas. Y, mientras que aumentas tu autodisciplina en un sentido, los demás aumentarán también, de manera natural, aunque solo sea un poco.

El primer paso, por supuesto, es tener las pautas para hacer crecer a tu autodisciplina. Si no estás preparado para hacerlo, o simplemente no quieres, verás que es muy complicado diseñar un plan y continuarlo.

Recuerda: aumentar la autodisciplina es una elección, no depende de las circunstancias. CUALQUIER PERSONA puede mejorar su autodisciplina con un poco de esfuerzo.

Gratificación instantánea vs. gratificación tardía

"La habilidad de disciplinarse a uno mismo de retrasar la gratificación en el corto plazo para disfrutar de un premio mejor en el largo plazo es un requisito imprescindible para alcanzar el éxito."
— **Brian Tracy**

Mientras que muchos piensan que la

autodisciplina en su variedad de contener malestar, dolor ("sin dolor no hay ganador"), o frenar el sacrificio interior, el verdadero significado nada tiene que ver con las connotaciones negativas que se le atribuyen.

La autodisciplina es el arte de rechazar una gratificación instantánea para sustituirla por una gratificación y resultados tardíos. Nuestra sociedad se compone de entusiastas de la gratificación inmediata. Queremos eso... y lo queremos AHORA.

Esto se combina con el hecho de que somos bombardeados constantemente con información y gratificación estimulante a través de nuestros teléfonos móviles, redes sociales y empresas varias que nos premian si actuamos inmediatamente.

Como sociedad en su conjunto, estamos condicionados a perseguir la gratificación instantánea, mientras que la autodisciplina se relega a un segundo plano. De hecho, algunos científicos han estudiado el tema de la gratificación tardía en comparación con la gratificación instantánea durante décadas. Uno de los estudios más famosos, llamado elStanford MarshmallowExperiment, (prueba de las nubes de azúcar de Stanford) se realizó en 1972.

Durante el estudio, los investigadores colocaron a un niño pequeño en una sala con una nube de azúcar o una galleta en una mesa. Entonces, le decían al niño que el investigador tenía que abandonar la sala durante un rato, y que si la nube o la galleta seguían ahí cuando volviese, recibiría dos nubes o dos galletas. Tal y como podéis imaginar, la mayoría de los niños se comieron la nube o la galleta mucho antes de que el investigador volviera.

El control de los impulsos no está bien desarrollado en niños menores de 7 años. Tampoco tienen la capacidad de pensar y planear el futuro. La rica y sabrosa nube o galleta sola encima de la mesa frente a sus ojos es lo único en lo que pueden pensar, y muchos caen en la tentación

Sin embargo, los investigadores decidieron dar un paso más en el estudio. Esperaron hasta que los niños alcanzaran los 18 años y evaluaron distintos factores, como por ejemplo el rendimiento escolar.

Los resultados mostraron que los niños que pudieron resistir la tentación de una simple nube y esperaron pacientes para poder obtener dos, tuvieron mucho mejores resultados en el colegio que aquellos que cayeron en la tentación.

En la misma línea, los niños que resistieron la tentación inmediata y persiguieron una gratificación tardía tienden a tener características más positivas en cuanto a la personalidad, como asertividad, credibilidad, deseo de aprender, autosuficiencia, honradez, así como la capacidad de afrontar las frustraciones.

Los niños que cayeron en la gratificación inmediata tuvieron una tendencia a sentirse desbordados por el estrés y a ser másimpulsivos en general, indecisos y propensos a sentir celos y envidia. Alrededor del año 2011, este estudio se continuó con algunos de los sujetos de la prueba original. Los resultados mostraron que aquellos que eran mejores retrasando la gratificación de niños seguían siéndolo de adultos. De hecho, se vio que la parte del cerebro que se conoce como el cuerpo estriado (un área que se relaciona con las adicciones) era más activa en aquellos que no pudieron resistir la tentación y la gratificación inmediata.

Entender la diferencia entre la gratificación instantánea y la gratificación tardía, permitirte a ti mismo renunciar a las estimulaciones a corto plazo, y concentrarte, en cambio, en los objetivos y las aspiraciones a largo plazo es uno de los primeros pasos hacia una mejor autodisciplina.Si realmentequieres perder peso, vas a tener que reconocer cuando sientes la tentación de comerte una deliciosa galleta o un manjar frito, resistir la urgencia de hacerlo y concentrarte en tu objetivo final: el placer tardío de encontrarte en un peso distinto.

Si estás intentando terminar un trabajo o una tarea escolar en un tiempo limitado, vas a tener que reconocer los momentos en los que te apetece salir y jugar a algún deporte, encender la tele y jugar a un videojuego o dormir (a no ser que estés realmente cansado), resistir la urgencia de hacerlo, concentrarte en tu deseo de llegar al objetivo de completar el trabajo y seguir hacia delante con éxito.

Al final, todo lo que te ofrece una gratificación instantánea suele ser temporal... y seguro que no te beneficiará en tu futuro, lo que significa que tendrías que exponerte a ello varias veces para conseguir placer en el futuro.

Al contrario, esfuérzate en emplear el autocontrol y concéntrate en lo que realmente quieres en tu vida y fuera de ella. La satisfacción de haber alcanzado tus objetivos, obtener lo que realmente quieres y "salir victorioso" en aquello que quieres puede ser mucho más grande que cualquiera de los placeres temporales.

Entiéndete a ti mismo

Aquel que conoce a los otros es sabio; Aquel que se conoce a sí mismo es un ilustrado.
Lao-Tzu

Un factor muy importante al desarrollar una autodisciplina fuerte es entender quién eres en realidad y qué te gusta y no te gusta, así como lo que te mueve, lo que te tienta y lo que te motiva.

A través de entenderte a ti mismo puedes llegar a conocer tus fortalezas y tus debilidades, lo que te puede ayudar a mantenerte concentrado en aquellas áreas en las que necesitas mejorar, como por ejemplo resistir la tentación de_____ (completa con tu deseo más destacado).

Una de las piezas más importantes para entenderte a ti mismo es saber cuánto respeto tienes hacia ti mismo y después incrementarlo.
Tener un fuerte sentido del respeto por uno mismo te hará más sencillo resistir las tentaciones a corto plazo (para sentirte mejor por factores externos) y concentrarte en los objetivos y deseos a largo plazo... ya que, si ya te sientes bien contigo mismo, no necesitarás caer en deseos innecesarios y distracciones que no te conducen hacia tu objetivo.

Cuando no tienes respeto hacia ti mismo, estarás buscando constantemente estímulos en el exterior para sentirte mejor: comprar juguetes nuevos, noches nuevos, aparatos electrónicos nuevos; ver la televisión durante horas... te sientes obligado a llenar tu vida con objetos materiales porque no obtienes ninguna satisfacción si no los tuvieras.

Estás todo el tiempo intentando llenar un hueco porque tu sentido de la valía personal o autoestime es bajo, y esto puede llevarte a acciones compulsivas, compras desenfrenadas y a decir cosas que puede que no quieras decir.

Esa falta de respeto por uno mismo puede desembocar en letargo, pereza, procrastinación e, incluso, depresión. Por eso es vital que te centres en mejorar el respeto hacia ti mismo y tu autoestima. Esto se sitúa en la base para conseguir una autodisciplina mejor.

Existen muchas maneras de aumentar tu autoestima. No obstante, el método más eficaz tiene que proceder de tu interior más que del exterior.

El reforzamiento positivo de amigos o familiares (o incluso tuyo) puede ayudar. Reconocerte a ti mismo el trabajo bien hecho cada vez que consigas algo que ha supuesto un reto para ti es muy importante. Así, tener el apoyo y las felicitaciones de las personas a las que quieres es una buena manera de sentirte mejor contigo mismo.

Entender los fallos como experiencias para aprender y seguir adelante es vital para respetarte a ti mismo. Muchas veces nos tomamos nuestros fallos y derrotas muy a pecho y nos machacamos por ello, ya sea emocionalmente, psicológicamente o, incluso, físicamente.

A veces tendremos que negarnos una parte de nuestra vida que nos encanta como una manera para intentar no fracasar otra vez. Sin embargo, en general, el reforzamiento positivo puede ser mucho más efectivo que las acciones negativas o el castigo.

No pasa nada por fallar a veces. No pasa nada por perder a veces. Es casi imposible ser siempre perfecto. Así que relájate y aprende a aceptar que a veces no serás el primero. Sírvete de esos momentos para aprender de tus errores, acciones desafortunadas o traspiés, y crece.

"Mantener la fe en los resultados que deseas" es una manera indirecta de mejorar el respeto por ti mismo. A veces puede ser duro ver y creer que podemos llegar a los objetivos que buscamos. Y esto es consecuencia directa de la falta de certeza de poder conseguirlo.

Las dudas sobre uno mismo pueden ser un virus para nuestra mente… y cuando está fuera de control, el respeto por uno mismo se ve reducido considerablemente. Por eso, concentrar toda tu atención en el resultado deseado y no dejar que te controle el estrés o la ansiedad de no llegar a ese objetivo es una manera infalible de mejorar el respeto por uno mismo.

Así, creer en ti mismo incluyendo tus mayores deseos, instintos y sentimientos en relación con lo que está bien o mal te ayudarán mucho a respetarte a ti mismo. Lo que es exclusivo de la vida (ya sea humana, animal, reptil ovegetal) es que todos tenemos un sentido de la supervivencia bien integrado.

Este instinto de supervivencia puede que no siempre funcione a nuestro favor, pero, en la mayoría de las ocasiones, se sitúa en la base de lo que somos y nos permite saber cosas como si nos gusta cierto alimento, actividad u otro humano.

Por norma general, cuando nos conocemos y nos entendemos perfectamente, nuestros instintos pueden llegar a ser muy exactos. Y, cuando aprendes a confiar en ti mismo y tus instintos, empiezas a tener más respeto por ti mismo y más disciplina en aquello que quieres conseguir.

Responsabilidad sobre tus acciones
Para realmente aprender sobre ti mismo, necesitarás ser responsable de tus decisiones, tus palabras y tus acciones.
Tendrás que asumir que, en gran medida, tú eres el creador de las condiciones de tu vida (tu empleo, las personas de las que te

rodeas, tu ciudad, tus hobbies y actividades favoritas, tu nivel de salud) y que tienes control para cambiarlas como tú quieras.

La mayoría de las personas deambulan por la vida pensando que la vida pasa delante de ellos, que el destino es incontrolable y que no tienen ni voz ni voto sobre su futuro. La realidad es que, aunque a veces ocurran cosas malas, solemos tener el control de nuestra vida, así como de nuestras decisiones y de la manera en que interactuamos con el mundo.

Captar el sentido de la responsabilidad es un elemento clave para entendernos a nosotros mismos y aumentar la autodisciplina. En resumen, cuanto antes dejes las excusas y abandones la idea de que no controlas tu vida, antes verás cómo la capacidad de desarrollar tu libertad y tu éxito crece.

Escríbelo todo.
En el proceso de aprender sobre ti mismo, tus objetivos, tus deseos, tus debilidades y

tus fortalezas, invierte tu tiempo en escribir todos tus pensamientos. Esto no solo refuerza las ideas que has desarrollado, sino que te servirá como recordatorio que podrás revisar cada vez que sientas que puedes fracasar o que se te está acabando la autodisciplina.

Escribir tus objetivos y tus intenciones es también una buena manera de integrarlos en tu mente. Verlo de manera visual puede ser mucho más impactante que simplemente pensar en ello. Puede darte una motivación y un estímulo extra al combinar uno de los sentidos (la vista) con la actividad cerebral de pensar en ello.

Cuando lo lees en alto o lo grabas y lo escuchas después, puedes además integrar el sentido del oído, que estimula mucho más la memoria y la consolidación. Así, anotar tus objetivos puede ayudarte a organizar los pasos que necesitas dar para acercarte a ellos. Quizás, tu objetivo es ser capaz de correr una maratón.
Si lo escribes, puede que veas que a día de

hoy solo eres capaz de correr 5 de los 42 kilómetros necesarios para completar el maratón – no te preocupes, no importa cual sea tu casilla de salida, lo importante es el resultado.

Además, puede ocurrir que tardes más de 5 o 6 intentos en llegar a completar los 42 kilómetros.

Por eso sería genial que escribieras algo así:

Durante tres semanas, aumentar la distancia de 5 a 10 kilómetros en cada sesión.

Durante cinco semanas, aumentar la distancia de 5 a 16 kilómetros en cada sesión.

Durante diez semanas, aumentar la distancia de 5 a 27 kilómetros en cada sesión.

Y así consecutivamente.

Después, puedes ir un poquito más lejos y elaborar un horario que recoja cuándo vas a salir a correr y cuántos kilómetros recorres cada vez. Cuando sigues un plan sin darte por vencido, verás que se hace más fácil dar los siguientes pasos y llegar a tu objetivo.

Naturalmente, tu autodisciplina habrá aumentado y tendrás más conocimiento de quién eres y qué puedes conseguir cuando te ciñes a tus planes de acción.

Salud, bienestar, ejercicio y descanso

"El bienestar es integración completa entre cuerpo, mente y alma, la comprensión de que todo lo que hacemos, pensamos, sentimos, y creemos tiene un impacto en nuestro bienestar"
Greg Anderson

Como en cualquier aspecto de nuestra vida, tu salud y tu bien estar tienen un papel muy importante. Sentirte descansado y mantener una dieta equilibrada, así como hacer ejercicio físico regularmente puede ayudarte a tomar decisiones más racionales, pensar con mayor claridad y rendir a un nivel más alto que cuando te sientes cansado y desnutrido.

Cuando estamos demasiado cansados por la falta de un descanso de calidad, nuestra capacidad de resistirnos a las tentaciones puede disminuir y es muy probable que seamos más propensos a seguir nuestros impulsos.El cerebro puede trabajar como un músculo en nuestro cuerpo; bueno, un músculo de lo más energético, multifuncional y capaz de realizar múltiples tareas.Y, tal y como ocurre con el resto de los músculos, existe cierta cantidad de energía que se puede gastar diariamente antes de sentirse cansado, menos eficaz y, por consiguiente, con un bajo funcionamiento.

Por si fuera poco, se ha probado que no siempre somos capaces de adivinar con precisión cuánto de cansados están tanto nuestro cuerpo como nuestro cerebro. La energía se usa de forma diaria. Podemos crear más energía si tenemos una dieta adecuada y un descanso suficiente. Pero, incluso con los niveles más altos de energía en nuestro cuerpo, puede que llegue un momento en el que se gaste y tenga que ser renovada.

Por eso, un descanso adecuado es clave para mantener un alto rendimiento de nuestro cerebro, lo que afecta directamente a los niveles de autodisciplina.

Y lo mismo aplica a una dieta adecuada. Cuanto mejor sea nuestra dieta, más eficiente será nuestro cuerpo en la transformación de alimentos en una fuente de energía. Así, cuanta más energía tenga nuestro cuerpo, mejor funcionaremos tanto física como mentalmente durante el día.

Existe una relación recíproca entre el ejercicio regular y la autodisciplina. Cuando realizas ejercicio físico, el torrente sanguíneo aumenta en todo tu cuerpo, incluido el cerebro. También se liberan sustancias químicas en el cerebro (endorfinas) cuando realizas un esfuerzo considerable.

El aumento de sangre en el cerebro se traduce en la llegada de más nutrientes a él, lo que le hace sentirse con más energía. Cuando esto ocurre, tu cerebro es más fuerte y puedes procesar tus pensamientos de una manera más eficiente.

La autodisciplina alcanza su punto álgido cuando el cerebro funciona eficientemente. Por otro lado, cuanto más fuerte sea la autodisciplina, más fácil será realizar ejercicio físico regularmente, especialmente para las personas que no suelen sentirse motivadas a hacerlo.

Así que, al fortalecer la autodisciplina, serás capaz de hacer ejercicio más veces y durante más tiempo, lo que aporta energía al cerebro y permite que la autodisciplina se mantenga fuerte.

Artes marciales, yoga, y otras disciplinas físicas

Aunque este libro no puede cubrir todo el

alcance que estas disciplinas físicas tienen, es importante destacar que una práctica física repetida en el tiempo puede ser un elemento que mejore significativamente la autodisciplina.

La práctica de las artes marciales, tales como el Taekwondo, pueden servir de apoyo a la autodisciplina física. Además, ayuda directa e indirectamente aaumentar tu autodisciplina mental mediante la práctica del autocontrol.

Serás tú quien decida si las artes marciales son apropiadas para ti, y cuál de ellas se ajusta a tus objetivos y estilo de vida. Pero, con todas las que hay disponibles, seguro que tendrás muchas maneras de mejorar la autodisciplina mediante una actividad física.

El yoga, en todas sus formas, es una representación de la autodisciplina en el ámbito físico. El yoga te enseña a estirarte, doblarte, retorcerte y, lo que es mucho más importante, a controlar tu cuerpo de una manera imposible de conseguir en circunstancias normales. Te enseña a controlar tu cuerpo y tu mente, te permite entender mejor quién eres, las sensaciones en tu cuerpo y dónde se sitúan tus debilidades.

Se ha demostrado que el factor mental del yoga ayuda a reducir el estrés y funciona como un mecanismo que calma y permite a nuestro cuerpo ganar en productividad y felicidad.También afecta de forma positiva a distintas áreas del cerebro que pueden mejorar el autocontrol y el bienestar general.

Sea cual sea la actividad física que elijas, es miy importante que mantengas una buena salud y bienestar, especialmente cuando se trata de mantener el autocontrol. Y verás que cuanto más trabajes en ello, más mejorarás en distintos aspectos de tu vida.

Relación con las finanzas

personales/gastos

"El éxito empiezacon autodisciplina. El éxito empieza en ti"
Dyane Johnson

Tus hábitos con el dinero suelen ser un buen indicador de tu autodisciplina general.

Si tiendes a gastar más de lo que tienes, si sueles no tener dinero para lo que más quieres o necesitas y acumulas constantemente cosas que no necesitas mientras que no estás mejorando tu estilo de vida, lo más seguro es que necesites más autodisciplina.

Si sueles controlar tus gastos, tomar decisiones racionales e inteligentes con tu dinero, ahorrar para emergencias y nunca compras cosas que no necesitas, has encontrado el nivel perfecto de autodisciplina.

De sobra se sabe que la mayoría de personas que han ganado la lotería acaban gastando todo el premio y suelen caer en bancarrota unos años después del triunfo.

Muchos deportistas, actores, músicos o artistas también han perdido todo su dinero después de sus años de bonanza y de contratos lucrativos.

Han tomado malas decisiones económicas, han gastado más de lo que debían, no han tenido en cuenta que puede que no ganen tanto dinero en el futuro y se han "dejado llevar por el momento" cuando se trata del glamur del éxito y de la fortuna.

La base de esta situación es la falta de autodisciplina.

Esto tiene mucho que ver con la idea equivocada de que "el dinero da la felicidad".Esto es completamente falso. El dinero es una herramienta que nos permite tener y hacer más. Pero, tener más y hacer más no siempre significa que eres más feliz.

Así, es conveniente preparar un plan de administración del dinero, y seguirlo al pie de la letra. Ya sea controlar tu presupuesto, un plan de ahorro, un plan de inversión, un plan de compra o una combinación de todos ellos, lo más importante es que no abandones el plan, a no ser que necesites hacer pequeños cambios y ajustes.

Cuanto más tiempo lleves a cabo el plan, más te darás cuenta de que el dinero es solo un objeto que te ayuda a conseguir cosas, pero que no tiene cabida en tus emociones internas... Seguro que no serás feliz solo por estar sentado sobre billetes y billetes o contando dinero todo el día; serás mucho más feliz viendo que el dinero te ayuda a hacer las cosas que más te gustan, comer tus platos favoritos y comprar tus objetos favoritos.

Así, cuanta más disciplina con el dinero tengas, mejor será tu disciplina general. Cuando eres menos propenso a gastar dinero de manera impulsiva porque piensas que te hará más feliz o simplemente porque quieres ahorrarlo para otra cosa, verás que los impulsos en otras áreas de tu vida son mucho más controlables. Tus decisiones serán mucho más racionales.

Existen muchos métodos para mejorar la autodisciplina en relación con la administración del dinero.

Algunas son tan sencillas como ahorrar cierta cantidad de dinero de cada nómina metiendo un porcentaje del salario en una cuenta de ahorro.

Otros métodos incluyen seguir una política de gastos estricta, como gastar x euros a la semana en comida, x euros en gastos de la casa, x euros para ocio y x euros para emergencias.

Uno de los métodos más divertidos para controlar tu dinero es el 'Método de la jarra', que te ofrece una perspectiva visual y tangible de separar el dinero en distintos recipientes.

No importa qué plan decidas seguir para controlar tus finanzas, lo MÁS IMPORTANTE es que no tires la toalla. Si te separas del plan una vez, querrás hacerlo muchas más veces. Si coges dinero de las emergencias para gastártelo en algo que no es necesario, te sentirás tentado de hacerlo otra vez en el futuro. Y te darás cuenta de que tu dinero para emergencias ha desaparecido, quizás, en el momento en el que más lo necesitas.

Como todo en la vida, el autocontrol con el dinero no es fácil. Y cuando más dinero tienes, más tentaciones tienes de gastártelo, compartirlo, usarlo, abusar de él y, en consecuencia, de perderlo.

Tampoco importa en qué nivel financiero estés en la actualidad, porqueahora es el mejor momento para empezar a adoptar buenos hábitos de administración del dinero.

Acepta tu vida por ser lo que es, concéntrate en lo que puede llegar a ser

"Una vez que aceptamos nuestros límites podremos superarlos"

Albert Einstein

Superémoslo, la vida es lo que es. Algunos factores de nuestra vida no cambian, y otros sí lo hacen, solo a veces, después de un tiempo.

Una parte de la autodisciplina es reconocer los factores que no cambian en nuestra vida, y buscar una manera de compensarlos o acostumbrarte a ellos.

Cuanto más tiempo pierdas intentando mover un objeto inmóvil, menos tiempo tendrás para concentrar tu atención y tu energía en seguir hacia delante.

En cuanto te das cuenta de aquello que no puede cambiar y te adaptas a ello, podrás centrar tu atención en aquello que puede cambiarse.

Una forma de alcanzar una perspectiva mejor de la vida es entender y aceptar que la sociedad, el mundo y el universo no se centran en una vida individual, es decir, no eres el centro del mundo.

De hecho, a excepción de tu pequeño círculo de amigos, familiares y allegados, al resto del universo le importa bastante poco lo que ocurra en tu vida, sea positivo o negativo.

Por eso, no puedes esperar que las cosas salgan siempre como tú quieres, no puedes esperar a que te regalen nada, no puedes esperar que todo funcione siempre, y tampoco puedes pretender ganar siempre.

Una vez que entiendas eso, aceptarás que algunas cosas se pueden escapar de tu control... incluso en tu propia vida.

Y cuando aprendes a conocer aquellas cosas que se escapan de tu control, te será más fácil concentrarte en los factores de tu vida que controlas bien y que pueden modificarse, ajustarse, añadirse, eliminarse o sustituirse.

Mentalidad positiva

La autodisciplina y la mentalidad positiva trabajan codo con codo, alimentándose la una de la otra.

Si tienes una mentalidad positiva hacia el futuro y hacia tus objetivos al repetirte, por ejemplo, la frase "Yo puedo", verás que aumenta la motivación y la dedicación de completar los pasos necesarios para llegar a tus objetivos.

De igual manera, al mismo tiempo que sigues un plan y alcanzas tus objetivos (y, por ende, consigues el éxito), te darás cuenta de que tu capacidad de mantener una mentalidad positiva y segura también aumenta.

La autodisciplina y la mentalidad positiva trabajan codo con codo, alimentándose la una de la otra.

Aceptar y tolerar la angustia y la molestia emocionales y físicas

"La mejor arma que tenemos contra el estrés es la capacidad de elegir un

pensamiento en vez de otro"
William James

Una faceta de la autodisciplina es la capacidad de tolerar y/o aceptar molestias emocionales y físicas.

Puede tratarse de algo tan simple como dar unos pasos más cuando estamos cansados o desmotivados durante una sesión de running o un paseo. También puede significar hacer unas repeticiones más cuando levantamos pesas, incluso si sentimos los músculos cansados y doloridos.

También se aplica a seguir estudiando o trabajando en un proyecto, aunque nos duelan los ojos o queramos irnos a la cama o echarnos la siesta (dentro de unos límites, no nos olvidemos de ser conscientes de nuestra salud y bienestar.

En situaciones más extremas puede tratarse de aceptar que, a veces, lo que queremos en nuestra vida no llega en un segundo. El hecho de sobrellevar los momentos duros donde no somos capaces de tener aquello que queremos requerirá más práctica, paciencia y autodisciplina de la que pensábamos.

Un ejemplo de esto puede ser sobrellevar un problema en la relación con una persona que queremos y apreciamos.

Puede que llegue una situación en la que ambos os encontréis en una discusión o discrepancia donde uno o ambos estéis heridos, afectados o exasperados por lo que ha ocurrido.

Y puede que sea frustrante, doloroso o te consuma emocionalmente hasta el punto de estar dispuesto a tirar la toalla y pasar página.

Sin embargo, si realmente te importa la otra persona y estás dispuesto a seguir tu vida con ella, este es el punto decisivo, donde puedes elegir si dedicarte a la relación durante los momentos duros y tener fe, incluso si existe angustia o molestia, o si, por el contrario, la relación debe terminar.

Obviamente, no todas las relaciones sobreviven, en la vida, hay momentos en los que una o ambas personas de la relación cambian y están preparadas para seguir hacia delante por caminos separados.

Pero, en el caso de que quieras intentarlo, la única manera de tener éxito en tu relación es desarrollando una autodisciplina para afrontar los retos difíciles y navegar a través del miedo, el dolor, las dudas y los malentendidos.

Meditación y/o respiración concentrada

"Mediante la meditación, cada vez eres más tú"

David Lynch

Existe una razón por la cual la meditación sigue practicándose a día de hoy desde que empezó hace miles de años: funciona.

Aunque este libro no puede cubrir todo el alcance que la meditación tiene y todos sus beneficios, hay muchas maneras en las cuales la meditación puede mejorar significativamente la autodisciplina.

La meditación es una práctica, muy parecida a levantar pesas en el gimnasio, correr o hacer ciclismo.

Sin embargo, en vez de ejercitar y fortalecer un músculo físico, ejercitarás tu "atención" mediante la repetición y la concentración.

Mindfulness o conciencia

El *mindfulness* es simplemente el proceso de enfocar tu atención hacia el movimiento del abdomen (tripa) mientras que inhalas y exhalas o hacia el aire pasando entrando y saliendo por la nariz.

Una manera de conseguir esto de forma fácil es sentarte con los ojos cerrados y repetir las palabras "inhalar" y "exhalar" una y otra vez mientras respiras hacia fuera y hacia dentro.

Cuando utilices esta práctica, 5 minutos al día, varios días a la semana, empezarás a poder ralentizar tus pensamientos, disminuir la ansiedad y resistirte a los impulsos de gratificación inmediata.

De hecho, varios estudios lo han comprobado. La Universidad de Medicina de Massachusetts – en colaboración con la Escuela de Medicina Harvard y el Instituto de Neuroimaging de Bender– ha especificado que "la práctica de *mindfulness* conduce a un aumento de la densidad de la materia gris del cerebro."

También comunicaron que "se ha comprobado que la meditación *mindfulness* produce efectos positivos en el bienestar psicológico que se prolonga más allá del período de tiempo de meditación."

La Universidad de Washington – en colaboración con la Universidad de Arizona - afirma que "constataron que el grupo de meditación mostró mejor sensibilidad y atención después de la práctica de meditación."

Continuaron diciendo que su "estudio presenta, por tanto, evidencia de que la meditación puede ser útil en el entorno de trabajo, así como los beneficios de la relajación."

En la práctica

Este libro no pretende ser una guía de cómo meditar adecuadamente. Existen expertos alrededor del mundo que podrán enseñarte los métodos de meditación y te ofrecerán prácticas que mejorarán tus habilidades.

No obstante, existen tres pasos muy sencillos para meditar que puedes seguir todos los días. Y, todos los días que medites, como un músculo, estarás fortaleciendo la parte de tu cerebro encargada de la concentración y la autodisciplina

1) Siéntate quieto entre 5 y 45 minutos (la duración es a tu elección)
2) Concéntrate en cada inhalación y cada exhalación (puedes incluso decir las palabras "inhala" y "exhala" durante el proceso)
3) Cada vez que sientas que tu mente se desvía, vuelve a concentrarte en tu respiración repitiendo las mismas palabras.

Estos pasos, si los practicas diariamente, pueden ayudarte a mejorar tu concentración y tu autodisciplina mediante la tonificación de tu mente a base de repetición.

Superar las tentaciones

"La disciplina es solo elegir entre lo que quieres ahora y lo que más quieres

Desconocido

La mayoría de los artículos, blogs e informes sobre la autodisciplina dirán que lo mejor que puedes hacer es eliminar las tentaciones, borrarlas para que nunca te sientas tentado.

En un mundo ideal (o si tuviéramos una goma de borrar todopoderosa), esto sería genial.

Sin embargo, la vida de la mayoría de las personas contiene distracciones continuas, tentaciones y vicios que crean la oportunidad de desviarnos del camino.

Así que, mejor que eliminar esos vicios, lo que podemos hacer es aprender a superar las tentaciones internas que surgen cuando estos factores se nos presentan.

Algunas veces, esto incluirá seguir exponiéndote a las tentaciones para desarrollar una resistencia hacia ellas. También puedes prepararte mentalmente para no desear tanto estos vicios.

Puedes reemplazar tus pensamientos con alguno como este: "Me apetece muchísimo esto... pero no es bueno para mí. En vez de eso, si consigo esto otro, podré sentir un placer similar sin los efectos negativos".

También puedes reemplazar físicamente la tentación con un sustituto – si tienes tendencia a comer alimentos insanos, llena tu nevera de comida sana y elimina todos los productos dañinos.

Si cada vez que estás en casa tienes la tentación de tumbarte en el sofá o en la cama y ver la televisión, sal de esa habitación.

Estos son algunas sustituciones muy simples que, aunque no sea tan gratificante como la tentación original, puede ayudarte a reducir la obsesión por un determinado vicio.

Repetición y práctica

"El conocimiento es un tesoro, pero la práctica es la llave para llegar a ello"
Lao Tzu

La única manera de reforzar la autodisciplina para que se convierta en parte de nuestra naturaleza es mediante práctica y repetición.

Cuando hablamos de autodisciplina, necesitas concentrarte en repetir los procesos que desarrollas por ti mismo.

Ya sea una rutina física, un proceso mental o meditación, la repetición del proceso te ayudará a ser más fuerte tanto física como emocional y espiritualmente y mejorará la autodisciplina.

Primero, lo importante

Una buena práctica es concentrarte primero en los objetivos más difíciles, grandes o desafiantes.

Como ya sabes, el cerebro tiene una provisión de energía limitada para poder usar cada día antes de necesitar un descanso. Si utilizas esta energía para las tareas más pequeñas y menos importantes, te quedará menos energía para las más grandes e importantes.

Por eso, es muy importante empezar cada día priorizando las tareas o actividades que requieren más atención y tratar de abordarlas cuanto antes.

Cuanto más practiques esto, como un músculo, más fuerte y cómodo te sentirás haciéndolo.

La rutina es una herramienta excelente para este proceso. Al tomar docenas, si no cientos, de decisiones al día, nuestra energía va disminuyendo.

Cuando creas una rutina repetible, empiezas a eliminar decisiones diarias que tendrías que tomar si no tuvieras una rutina, como cuándo lavarte los dientes, qué camiseta ponerte, cuándo ir al gimnasio, a qué hora estudiar, a qué hora ducharte, etc.

Tu rutina puede ser lo que tú quieras, pero, a medida que esta rutina vaya siendo más conocida, perderás menos tiempo pensando en ella… y esto dejará al cerebro más energía para las decisiones que requieren más atención.

Está claro que no siempre puedes encargarte de las cosas importantes al mismo tiempo, pero si te concentras primero en lo que puedes conseguir en cuanto a lo que consume más energía y te permites realizar aquellas menos extenuantes mentalmente más tarde, llegarás mucho más fácilmente a tus objetivos.

Desarrollar hábitos sanos

Asegúrate de estar siempre concentrado en aquello que es mejor para ti física, emocional y psicológicamente. Cuando hayas encontrado esa rutina que funciona, síguela hasta que se convierta en hábito.

Cuanto más trabajes en tu rutina, más fácil será continuarla. Y cuanto más conocida se haga, menos energía tendrás que gastar para seguirla.

Cuando la acción se convierte en hábito, puede reproducirse. Lo más importante es asegurarte de que los hábitos que estás desarrollando son sanos.

Recompénsate

"Llámalo como quieras, pero los incentivos hacen a la gente trabajar más."
NikitaKhrushchev

La vida es corta y a veces nos deja muy poco tiempo para disfrutar de nosotros mismos, especialmente cuando estamos ocupados con trabajo, familia y tareas del hogar.

Por eso es importante recompensarte

cuando consigas un objetivo, sobre todo cuando esos objetivos se cumplan tras haber superado una tentación negativa.

Cada vez que alcances un objetivo, reconozcas las tentaciones a las que te enfrentas en tu vida pero que consigues ignorar, resistir o evitar, date una palmadita en la espalda y date un capricho que sea especial para ti (algo de comer, un pequeño viaje, un accesorio nuevo o cualquier otra cosa que disfrutes y te haga feliz).

Es importante reconocer el trabajo bien hecho y reforzar la afirmación de que la autodisciplina merece la pena.

Del mismo modo, puedes pensar algunos incentivos para cuando alcances ciertos objetivos o para cuando resistes algunas tentaciones.

Si tu objetivo es perder peso, puedes premiarte con algún capricho delicioso que no rompa con tu plan de dieta o de ejercicio.

Si tu objetivo es completar un proyecto grande, un trabajo de la escuela o una tarea del trabajo en un período limitado de tiempo, recompénsate en cada pequeño objetivo cumplido.

De nuevo, estos premios pueden ser cualquier cosa que tú elijas, pero deben tener dos propósitos:

1. Deben motivarte para seguir con el plan y alcanzar tus objetivos.
2. Deben recordarte que has hecho un buen trabajo hasta ahora y deben animarte a seguir con el hábito de la autodisciplina.

Tu propia imaginación como sustituto

"El mundo no es más que un lienzo paranuestra imaginación"

Henry David Thoreau

Este es un aspecto de la autodisciplina que muchas personas no piensan o en cuya práctica no participan.

A veces deseamos cosas que son imposibles de conseguir... al menos en el momento presente.

En estas circunstancias, tener una imaginación activa y/o ser capaz de soñar despierto puede realmente ayudar a reducir la frustración de no tener aquello que queremos.

Además, llenar nuestra mente de sueños y pensamientos positivos puede distraernos de las tentaciones que se sitúan ante nosotros.

Un método que también ayuda es escribir en un cuaderno el resultado que deseamos. Escribe todos los detalles de aquello que quieres, incluso si piensas que nunca vas a conseguirlo. Anota cada pensamiento de lo que harías si lo consiguieras, qué dirías y cómo te sentirías.

Si bien puede no ayudar a conseguir ese objetivo (porque puede ser algo imposible), crea una forma de satisfacción al escribirlo y ayuda a tu imaginación a expresarlo. Puedes volver a estas anotaciones cada vez que quieras.

Si es algo posible de alcanzar, aunque sea difícil, este paso puede marcar la diferencia y darte una motivación y estimulación extra para conseguirlo.

La mente es una herramienta muy poderosa y es capaz de crear ideas que podrían no haber existido si no fuera por ella. También es muy útil cuando queremos crear nuestras propias realidades.

Y cuanto más la uses, la ejercites, la moldees y la extiendas, más grande será tu realidad.

Parte 2

¿Qué es lo que quieres y por qué lo quieres? – ¡Y por qué es importante que puedas responder esto!

Así que quieres cambiar.¿Qué es exactamente lo que quieres cambiar, y por qué? Probablemente sabes mucho sobre el establecimiento de metas, y sobre la importancia de tener metas claramente definidas que sean SMART (Por sus siglas en inglés: Especificas, Medibles, Alcanzables, Relevantes y limitados en el Tiempo).

¿Eres de las personas que se salta la parte sobre el establecimiento de metas? Tal vez sabes la dirección del viaje y no piensas que necesites ese nivel de especificidad. Probablemente sabes sobre delinear las tareas que hacen la meta. ¡Tal vez incluso te confundas sobre cuál es una meta y cuál es una tarea y cuál es la diferencia hasta que termine sin importante de todas maneras! Tengo el presentimiento que no pasas tanto tiempo enfocándote en lo específico de tu meta y cómo planeas llegar hasta ahí, porque si lo hicieras, probablemente ya habrías logrado lo que querías y no estarías leyendo esto.

Aquí un pequeño ejercicio de diez segundos: Ve y busca lápiz y papel. ¡Ahora!

Entonces... ¿Estás con papel y lápiz en mano? Si es así, genial. Pero ¿si ni siquiera agarraste el lápiz y papel? Vamos a ver qué está pasando. ¿Estás planeando en aprender algo y aplicarlo? ¿O estás planeando leer otro libro de auto-ayuda como una forma de convencerte de que estás *tratando* de cambiar mientras actualmente no haces nada?

Pregúntatelo: ¿Por qué no hice la simple tarea de buscar lápiz y papel? Ya que estamos en esto ¿Por qué en general no hago los ejercicios en esta clase de libros? Tengo certeza de que hay muchas distintas maneras de responder, ante lo que la experiencia me dice que debería incluir lo siguiente:

- *¡Estoy planeando en leerlo primero y hacer los ejercicios después!*
- *¡Me molesta hacerlos!*

- *Hago los ejercicios en mi mente, simplemente no los escribo. ¿Qué hay de malo en ello?*
- *Ah, ya he escuchado todo esto antes, ¡No lo haré de nuevo!*

Cualquiera que sea la respuesta, revísalo en ti: ¿Es esta la actitud de alguien que está a punto de lograrlo? ¿De hacer sus sueños realidad? ¿Tuvo (Inserte el nombre de cualquier persona exitosa en cualquier campo) esta clase de acercamiento a alcanzar sus metas? ¿Cómo esta actitud demuestra tu disposición a dejar ir todo lo que te mantiene atorado, tolerar la disconformidad y tomar acción? Exacto, no lo hace.

Espero que mi puntosea entendido y que ahora realmente tengas lápiz y papel. Es tan fácil leer libros como estos y *no* hacer los ejercicios, entonces me temo que debo ser relativamente estricto en a este punto. Así que simplemente lo voy a reiterar:

SI NO SIGUE LA GUIA, NO VA A GANAR NADA DE LEER ESTE LIBRO.

Teniendo eso claro, si continua a no seguir la guía, va a tener que trabajar en descubrir por qué está invertido en permanecer atascado. Las buenas noticias es que las maneras en las que nos autosaboteamos – y cómo detenerlas – se cubren en detalle más adelante

Así que estamos de acuerdo: Tener una meta definida es importante. No nos enfoquemos tanto en la distinción entre metas y tareas, pero lo que tienes que saber es que es importante tener claro tu meta, y también cómo vas a llegar ahí (Otra forma de referirse a las tareas).

Te podrás decir, *mi meta es bajar de peso para el verano. Sé eso, y sé a dónde me dirijo, realmente no necesito especificar los 'por qué' o los 'cómo'.* Claro, es como saber a dónde quieres ir (digamos, la cima de una montaña) pero no conocer la ruta que vas a tomar. Sólo vamos adelante, ¿no? Bueno, hasta que llegas al punto de decisión. Los puntos de decisión son *momentos críticos* donde debes elegir entre una ruta u otra. Si ya has trazado tu ruta esto será fácil, sabrás que debes ir a la izquierda cuando el camino se bifurca por el árbol caído. No habrá ningún 'Uhmmm' y 'Ahhg' y deliberaciones sobre qué ruta tomar.

Esto es lo mismo que establecer metas sin saber cómo vas a alcanzarlas. Si estás planeando bajar de peso para el verano, y es el cumpleaños de tu amiga y ella trae pastel a la oficina. Ahora estás en un momento crítico, y no tienes un plan. Simplemente sabes vagamente que quieres comportarte bien. Pero no has decidido qué significa 'bien'. ¿O qué tan bien es bien? *¿Puedo comerme un pedazo del pastel y aun así perder peso para el verano? Sí, probablemente.* ¿Suena familiar?

Vamos a imaginar que más bien tienes un plan – un mapa de cómo vas a alcanzar tu meta. Un simple plan podría ser por ejemplo:

Nada de azúcar refinada de lunes a viernes.

Nada de alcohol excepto los sábados en la

noche.
Treinta minutos de ejercicio los lunes, miércoles y viernes.

Ahora, frente al pastel, no hay diálogo interno respecto a si '¿Puedo comerme este pastel y alcanzar mi meta?' La respuesta es no. No hay necesidad para una discusión en tu cabeza, ya que la discusión ya fue decidida cuando tu plan fue puesto en marcha. Estás en una posición mucho más fuerte para decirle 'no' a ese pastel. De otra forma, la mente tiene una tendencia a creer que podemos seguir comiendo pastel y perder peso.

Así que por lo importante de los momentos críticos, debes tener tu meta clara y una ruta claramente definida para alcanzarla.

Hay una segunda parte de por qué es importante el establecimiento de metas. Sabes sobre el *cómo* de tu meta. Ahora necesitas entender el *por qué*.

Veamos el caso de una clienta, Jenna. Jenna quiere tener una mejor rutina para su estilo de vida. Jena tiene 41 años, está casada y trabaja como diseñadora web independiente. Ella va a la cama a las 3 am y despierta a medio día. Trabaja desde la casa entonces no es problema para su trabajo, pero eso no significa que ella no pueda disfrutar sus mañanas, lo cual es una pena ya que vive cerca del mar y le encanta salir a caminar con sus perros rescatados Toby y Madeleine. Cuando pensamos sobre lo que debería cambiar para Jenna, es bastante simple. Ella debe ir a la cama más temprano (establecimos a la 1 am, porque ella es noctámbula y más temprano le parecía poco realista) y debe levantarse más temprano (10 am). Hay otras partes del plan sobre los hábitos de Jenna que en general van a tener que ser emprendidos más temprano – al igual que encontrar tiempo para sí misma durante el día, ya que parte de sus desvelamiento son para tener su tiempo a solas cuando su pareja ya se ha ido a dormir. Parece simple. Ella podría dejarlo ahí, pero si ella realmente no se interesa en el *por qué* lo quiere, entonces lo más probable es que pierda su meta de vista en algún punto.

Como parte del establecimiento de tu

meta, pregúntate: Cuando haya alcanzado ese objetivo, ¿Qué significará esto para mí? Cuando tengas tu respuesta, pregúntate de nuevo: ¿Y qué significa *eso* para mí?

Le pregunté a Jenna sobre qué significa para ella levantarse temprano: Jenna respondió: *Significará que disfrutaré el día más, y saldré a caminar con Toby y Madeleine en las mañanas, al igual que las tardes, cosa que ellos aman.*

¿Y eso qué significará para ti?

Estaré satisfecha al final del día, y tendré una sensación de logro, al igual que ayudaré a Toby y Madeleine a tener un día también.

¿Y eso qué significará para ti?

Sentiré que estoy aprovechando mi vida y también ayudando a los perros a aprovechar las de ellos.

Continúa así, preguntándote qué significará el alcanzar tu meta hasta que tengas una sensación sobre la meta *detrás* de tu meta. Para Jenna, era sobre aprovechar su vida y ayudar a sus amados perros a hacer lo mismo.

Podrás preguntarte *¿Por qué necesito saber esto?* Cuando te estés preguntando si molestarte con este paso que solo necesita dos minutos de tu tiempo. Necesitas saber esto porque en algún punto tu motivación desaparecerá en el aire. En estos puntos, cuando Jenna está en la cama sintiendo todo el calor y sabe que ella *debería* salir de su cama ya que son las 10 am, y ella necesita recordarse *por qué* es importante. En estos puntos donde necesitamos hacer un esfuerzo extra y experimentar sacrificio y disconformidad, no estamos dispuestos a hacerlo si no tenemos claro en nuestra mente *por qué* lo estamos haciendo. En su lugar, nos encontramos a menudo en el terreno del *debería*. Por ejemplo: *¿Debería levantarme ahora?* Hemos pasado bastante tiempo diciéndonos qué deberíamos hacer. Sabrás por experiencia qué tan inefectivo es *porque lo tengo que hacer* como razón para implementar cambios positivos. Para ti, como para Jenna, es necesario saber *por qué* quieres hacer los cambios para que puedas llevar a mente sin esfuerzo esas razones en momentos críticos.

En resumen, saber los *por qué* y los *cómo* de nuestras metas es vital para los momentos crítico. Yo sé que puede no parecer importante en este momento porque en *este* momento tienes el foco en logar tus metas. No es para este momento. Es para los momentos críticos en el futuro cuando si no tienes un plan podrás terminar dándote permiso para actuar de forma que no está alineada con lo que quieres lograr.

Ahora que estamos convencidos que el establecimiento de metas es importante, vamos a hacerlo. ¡Sí, ahora!

Escribe tu meta en el formato mostrado abajo o algo similar (Si tienes más de una meta en la que trabajar, entonces tendrás que usar una página para cada una).

Vas a seguir añadiéndole a tu plan de acción a medida que trabajes este libro. Si tener cosas escritas en papeles decorados, entonces hagamos estos ejercicios en borrador y cuando el plan esté completo escríbelo en un papel decorado más adelante. No esperes a tener el cuaderno adecuado o papel para comenzar. ¡Comienza ahora!

PLAN DE ACCIÓN

Fecha de inicio del plan de acción:

Mi meta es:

Lograré mi objetivo el (fecha):

¿Qué significará para mi lograr esto? (Escribe cuantas respuestas vengan a la mente, sólo te detengas cuando llegues a la meta detrás de la meta)

Ten tu plan de acción en algún lugar que lo puedas encontrar en momentos críticos. Deja un poco de espacio al final de la página ya que continuaremos añadiéndole a tu plan de acción a medida que avance el libro.

Cuando te estés preguntando en dónde poner el plan de acción, es una buena idea que te preguntes: **¿Cuáles son los momentos críticos para mí?** Para Jenna, tener sus metas cerca de su cama es un buen plan.

Ruta al éxito

Así que ahora sabemos que necesitamos tener un plan para cómo vamos a alcanzar nuestra meta, al igual que un sentido claro de lo que la meta es y por qué es importante.

¿Cómo creamos ese plan? A través de este libro, vamos a estar mirando las acciones y comportamientos que pueden apoyarte hacia tu meta, los cuales querrás incorporarlos en el plan de acción. Pero para comenzar necesitamos una idea básica de los pasos a tomar.

Tomemos el ejemplo de Andy. La meta de Andy era inicialmente algo amplia en que quería adoptar un estilo de vida más saludable. Incluido en esto estaba el deseo de perder peso, tomar menos alcohol y ejercitarse más... ¡y luego comenzar a tener citas! Para Andy, necesitaba ponerse una serie de tareas dirigidas a todos estos factores. No deben ser complejas. De hecho, entre más simple, mejor.

Las tareas de Andy – algunas de las cuales él tiene que hacer y otras que *no* debe

hacer – se veían algo así:
- *Nada de azúcar refinado de lunes a viernes*
- *Nada de alcohol cuatro días a la semana, determinado el sábado en relación a la próxima semana dependiendo de los horarios de eventos sociales.*
- *Asistir a la clase de spinning todos los lunes a las 7 pm.*
- *Si un destino toma 30 minutos o menos caminando, entonces caminar en vez de manejar.*

Como puedes ver, esto es un plan muy claro que aborda cada uno de las metas de salud de Andy. Por supuesto algunas personas optan hacer dietas, lo cual es más complejo y puedes adaptar tu plan para reflejar cualquier guía que estés escogiendo para vivir en la búsqueda de tu meta. Mi sugerencia es que sigas la guía de lo que te emociona en relación al detalle y la complejidad. Para algunas personas (como Andy), ver un plan simple que comprende únicamente cuatro tareas crea una sensación de que este nuevo estilo de vida es fácil y alcanzable. Si él se adhiere a estas cuatro reglas, no hay duda que será más saludable. Andy esta todavía más motivado cuando se dé cuenta de lo simple que puede ser.

Otros realmente disfrutan un régimen más ajustado involucrando un plan más detallado para cada día. Si sabes esto sobre ti, entonces trabaja con esto, no en contra, y dejar tu plan reflejar tu preferencia con la especificidad.

Cualquiera que sea tu enfoque, no se puede escapar de la parte en que hay que hacer el plan y escribirlo. Así, ahora añade a tu plan de acción la parte del 'cómo'.

Toma tu plan de acción y escribe un nuevo título. Lo puedes llamar 'mi ruta al éxito' o algo similar que encuentres motivador. Bajo este título, en forma de lista, escribe los pasos, acciones, inacciones y guías que vas a seguir para asegurarte de alcanzar lo que has decidido.

¡Hazlo ahora!

Ayúdate – Comportamientos que apoyan tus metas

Hemos hablado sobre establecer una meta, saber por qué la estableciste y cómo hacer un plan para alcanzarlo. Me imagino que has hecho ejercicios similares a estos y aun no has hecho ningún cambio significativo y consistente. Sin embargo, las buenas noticias es que puedes apoyarte para mantener tu compromiso y motivación, y veremos estos antes de mirar las barreras más significativas del cambio. Estas son técnicas que te apoyan a mantener el enfoque, motivación y mantener tus metas claras en tu mente. Bajo la lista de tareas en tu plan de acción, empieza a escribir una lista de 'comportamientos que apoyan mis metas' que vas a usar, incluyendo algunas o todas las técnicas aquí descritas.

Estableciendo intenciones

Establecer las intenciones es estar claro al principio de cada día sobre lo que vas a hacer en el día para perseguir tu meta.

Esto ayuda en muchas formas. Primero, desglosa tu meta en pequeñas piezas. A veces una meta como 'ser saludable' puede sentirse vaga, con tantas pequeñas decisiones que se deben hacer cada día que puede sentirse abrumador. Incluso con la ruta hacia tu meta que has establecido, puede aún sentirse la necesidad de clarificar sobre cómo se va a ver en el día a día.

Por ejemplo, Marcos decidió escribir 500 palabras, cinco días a la semana como parte de su rutina para completar su novela. Eso todavía deja la pregunta: ¿Es este uno de esos cinco días? Si es así ¿En qué punto del día me voy a sentar a escribir? Al estableciendo las intenciones al principio del día, vas a comenzar con el pie correcto, vas a minimizar el riesgo de discusiones internas más tarde sobre si hoy vas a tener un día libre o mañana, y vas a tener una clara sensación de dirección para el resto del día. No estás simplemente siendo llevado, siguiendo el flujo de lo que pase, tratando de negociar contigo durante todo el día. Las decisiones se han hecho antes de que el día propiamente comience. Una decisión, hecha al principio del día cuando estableces tus intenciones, niega toda necesidad de deliberación interna en todos los momentos críticos del día. Haciendo las decisiones antes de que tales momentos aparezcan disminuye mucho la tensión de toda decisión.

Piensa ahora sobre tu meta. ¿Cómo podrías establecer intenciones que te ayuden? Si reconoces el valor que esto puede ser para ti, escríbelo en tu plan de acción.

Visualización Positiva

La visualización se trata de ver lo que quieras en el ojo de la mente. Puedes ser tan creativo como quieras con esto, y hay a menudo muchas diferentes visualizaciones que puedan apoyarte. Las características principales simplemente son que en tu visualización hayas alcanzado tu meta, y que la visualización sea suficientemente vívida como para que lo puedas ver claramente, y realmente experimentarlo al máximo con tus sentidos. Quieres ser capaz de ver la imagen, escuchar los sonidos y sentir las emociones a medida que visualizas.

Es útil si tu visualización no se enfoca en cómo vas a alcanzar la meta, sino en las consecuencias de ésta. Visualiza algo que por definición significa que *ya* alcanzaste tu meta. Para Maros, él visualiza la publicación de su libro. Está firmando libros y más tarde hará preguntas y respuestas con el público. Durante esto, Marcos siente la satisfacción de haber completado su novela y de que ésta sea exitosa. Una de las metas detrás de la meta de Marcos era sentir que logró algo significativo con su vida, y la visualización se aprovecha de esto al incorporarlo no sólo como el completar la novela, sino además como una audiencia para su libro a los cuales les trajo disfrute.

Marcos piensa sobre qué preguntas le pueden hacer y sobre qué sus respuestas podrían ser. Mientras visualiza, la motivación de Marcos hacia su meta aumenta, la confianza en sí mismo aumenta y su enfoque en su meta aumenta, ya que se le recuerda por qué su meta es importante para él.

Andy se visualiza como el padrino en la boda de su amigo. Se imagina caminando hacia la marquesina vestido con su traje y sensación de confianza y felicidad que le da el sentirse bien sobre sí mismo. Él se imagina bailando en la fiesta y hablando con sus amigos. Para Andy, en esta visualización le da la sensación de cómo su pérdida de peso impacta su habilidad para disfrutar y sentirse bien consigo mismo, aprovechando su meta de aprovechar al máximo su vida. Andy se recuerda a si mismo esto cada vez que considera actuar en forma que no se alinea con su meta.

La visualización no es sólo una estrategia de motivación que nos hace sentir bien. También impacta nuestro cerebro. Investigaciones han demostrado que el cerebro no puede distinguir entre lo que realmente está pasando y aquello que pasa en nuestra imaginación. Si repetimos el comportamiento una y otra vez en el ojo de nuestra mente, estamos realmente entrenándonos a nosotros mismos como si realmente lo estuviéramos haciendo.

Si la visualización te atrae entonces añádela a tu lista de comportamientos que apoyan tus metas junto al escenario que vas a visualizar. Recuerda que en la visualización ya has logrado tu objetivo y mejor todavía si se alinea con tu meta detrás de la meta

Auto-charla positiva

Cambiar tu diálogo interno tiene el potencial de ser enormemente poderoso. Lo que nos decimos a nosotros mismos impacta nuestro ánimo, estado emocional, sensación de sí mismo y nuestras acciones. Todos tenemos formas habituales de hablarnos a nosotros mismos que frecuentemente son muy críticas. Si nos detenemos y ponemos atención a lo que estamos diciendo, probablemente vamos a encontrar que la forma en que nos hablamos a nosotros mismos es bastante desagradable y ¡ni soñamos en hablarle a alguien más así! Nuestras acciones a menudo siguen nuestra auto-charla.

Cuando nos frustramos con nosotros mismos por no comportarnos como quisiéramos, si examinamos nuestra auto-charla, el resultado frecuentemente no sorprende.

Por ejemplo, Andy también quiere tener más confianza hablando con mujeres. Él ve una mujer atractiva con quien trabaja en la máquina de café, y él está cerca. Es una buena oportunidad para una conversación casual. Él la conoce por reuniones profesionales, y de hecho sería perfectamente normal preguntarle '¿Cómo estás?' Pero así es como sucede la auto-charla de Andy: *Oh, ahí está Ellie. La saludaré. ¿Y si me ignora? Probablemente no quiere hablar conmigo. ¿Qué tal si comienzo a hablar y no se me ocurre nada que decir?* Así sigue. Imagínate que eras Andy. Si esto es lo que te dices a ti mismo, estas creando la noción que Ellie es un prospecto muy riesgoso y tiene mucho sentido evitarla.

En su lugar podrías adoptar una auto-charla positiva. Esto podría ser similar a: *Ahí está Ellie, me encantaría hablar con ella. Tengo muchos amigos y la gente disfruta estar conmigo así que probablemente Ellie se va a sentir bien que le hable.*

Esto funciona para algunas personas. Pero, para otras puede parecer un cambio tan significativo de su posición usual que es difícil que lo hagan. Puede ser como tratar de convencerte de algo que no parece cierto. Esto dicho, si lo combinas con la visualización y realmente logras la sensación de confianza, esto puede ser mucho más efectivo.

Alternativamente puede ser algo que sea más sobre aceptar tus fallas en vez de tratar de convencerte de algo. *Oh ahí está Ellie. Me gustaría hablar con ella y conocerla un poco mejor, iré a saludarla. Puede que sea amistosa o no, pero eso está bien de todas formas. Puede que me quede sin cosas qué decir, pero no es el fin del mundo. Es una buena práctica y eso es lo que debería hacer ahora.* Este acercamiento es más sobre confrontar y aceptar tus miedos y realizar que... bueno, ¡No es el fin del mundo! Algunas personas encuentran esto más útil ya que no te estas tratando de evitar pensar algo habitual tanto como lo estás *transformando*.

Con la auto-charla, tiene que volverse habitual para que sea lo más efectiva, para que esta nueva forma de pensar se vuelva la forma natural. Esto significa mucha práctica y adquirir el hábito de notar lo que te estás diciendo y activamente cambiarlo. Tanta de nuestra auto-charla está en autopiloto que ni nos damos cuenta lo difícil que lo hacemos para nosotros mismos hasta que es demasiado tarde. Cambiado la auto-charla es un proceso que toma tiempo y compromiso. Cuando olvidas monitorear tu auto-charla y de repente te das cuenta que te la estás haciendo difícil, entonces ¡no te la pongas difícil sobre ponértela difícil! Cambiar tu auto-charla es algo en lo que te harás mejor a medida que el esfuerzo sea consiente, y mientras te estés volviendo mejor en ello, estás en buen camino.

Hay algunas formas de ayudarte a conseguir un hábito. Primero que nada, haz una lista de algunas frases positivas – afirmaciones positivas - que puedas memorizar. El contenido de estas afirmaciones depende de ti y de lo que quieras alcanzar. Asegúrate de utilizar el tiempo presente. Si necesitas información, buscar afirmaciones positivas en internet te dará muchísimas a elegir. Escribe aquellas que resuenan contigo.

Anota tus afirmaciones en tu plan de acción. Aunque puedas no creer las afirmaciones cuando las ves al principio, en el tiempo reemplazarán tus pensamientos negativos automáticos. Si vas a tener pensamientos automáticos ¿Por qué no hacerlos positivos?

Asegúrate de añadir los comportamientos que apoyen tu meta tales como el establecimiento de intenciones, visualización y auto-charla (incluyendo cualquier afirmación) a tu plan de acción, y ¡continuemos!

Construyendo mejores hábitos

Como probablemente has notado, hacer cambios a fuerza de voluntad es un negocio de perder. A veces, si nuestra motivación es fuerte, también lo es nuestra fuerza de voluntad. Tenemos que tener razones claras para hacer los cambios. Esto es a menudo el caso cuando hay mucho en juego, como cuando tenemos una situación seria de salud. En tales circunstancias, la consecuencia de no cambiar es suficientemente alarmante para obligarnos a tomar acción.

Sin embargo, es frecuentemente el caso que el cambio no es un escenario de vida o muerte. Sí, nos encantaría bajar de peso, pero ¿y si no lo logramos? El mundo no se va a acabar. Con muchas de nuestras metas orientadas a mejorarnos a nosotros mismos, fallar no es tan catastrófico como decepcionante, dejándonos con una sensación general de insatisfacción de que no cumplimos nuestro potencial.

Algunas veces eso significa que nuestra fuerza de voluntad y motivación puede disminuirse. Y hay muchas posibles razones de por qué, las cuales están delineadas en otros capítulos. Lo que podemos hacer es hacerlo más sencillo para nosotros al dirigirnos a nuestros hábitos, y por lo tanto reduciendo nuestra necesidad de depender de la fuerza de voluntad.

Cuando el hábito es formado, se vuelve parte de nuestra rutina y no tenemos siquiera que pensar en ello. No necesitamos fuerza de voluntad para que suceda... ¡Simplemente sucede! Piensa sobre vestirnos en las mañanas o lavarnos los dientes. A menos que haya alguna enfermedad u otra circunstancia en tu vida que haga esto difícil, esto es probablemente parte de tu rutina diaria y no requiere ninguna auto-charla motivacional o fuerza de voluntad para lograrlo. Una vez establecido como un hábito, no requiere mucho esfuerzo, sacrificio o disconformidad para mantenerlo - ¡acaso no es genial!

Pero ¿Cómo formamos un hábito? Las investigaciones nos dicen que la mejor manera es encadenar el nuevo hábito a uno ya existente. Tal vez quieres adquirir el hábito de establecer intenciones. Como has leído, tener intenciones claras y articuladas al principio de la mañana es un muy buen comportamiento que apoya tus metas que te da mucha mejor oportunidad de lograr lo que quieras lograr.

Ya estás en el hábito de caminar hacia la estación de tren todos los días para el trabajo, así que decides pasar el tiempo que vas caminando para establecer tus intenciones para el día y exponerlos claramente en tu mente. Vinculando tu nuevo comportamiento a este hábito ya establecido va a ayudar a que el nuevo comportamiento sea un hábito también. Ya no tienes que encontrar tiempo en tu horario ocupado o recordar hacer algo nuevo. Simplemente usas un hábito para apoyar otro.

Para Jenna, ella quería apoyarse a sí misma con sus metas al establecer sus intenciones todas las mañanas. Ya tenía la tendencia de apretar el botón de dormitar, así que usa esos siete minutos antes de la próxima alarma para establecer sus intenciones y hacer sus afirmaciones. De ahora en adelante, apretar el botón de dormitar es un gatillo para actuar sus nuevos hábitos en vez de contar los minutos del reloj.

Pregúntate: ¿Hay alguna parte de tu meta que involucre la formación de un hábito?

Puede ser que tu meta en si misma sea la formación de comportamientos habituales. Por ejemplo, si, como Marcos, quieres escribir un libro, podrías mirarlo como adquirir el hábito de escribir diariamente. El logro de tu meta depende en el desarrollo de un nuevo hábito. Si ya estás en el hábito de tomar una taza de café en la mañana y leer tus correos, podrías cambiarlo a escribir 500 palabras con tu café. *Luego* leer los correos. El nuevo hábito está entre dos hábitos fuertes ya existentes y con el tiempo se vuelve tan parte de tu rutina usual que no requiere mucho en términos de fuerza de voluntad.

Para otras metas, tales como perder peso, es sobre lo que *no* vas a hacer tanto como lo que sí vas a hacer. Pero hábitos todavía puede ayudar, al incorporar otros comportamientos que apoyen tu meta en tu rutina. Andy, por ejemplo, decidió reducir su hábito de la bebida de tomarse una (o cinco) cervezas a tomar nada más tres veces a la semana. Para apoyarlo en lograr esto, Andy decidió que establecer intenciones al principio de la mañana era un comportamiento que apoya su meta. De esta forma, él sube que si hoy es un día en que no toma, puede hacer un plan para el día desde el principio. De esta forma, aunque sus metas son sobre *no* hacer algo, adquirir el hábito de establecer sus intenciones aseguró que se quedara en la ruta que había planeado para su meta.

El secreto de los hábitos es que se vuelven partes regulares y automáticas de nuestra rutina de día a día. Pueden sentirse como pequeñas cosas, pero la acumulación de estas pequeñas cosas es lo que llevará ultimadamente al gran cambio. Una vida cambiada es habitualmente nada más que hábitos cambiados.

Ahora a la acción: Para tu meta – o para

cada una de tus metas – revisa tu plan de acción para ver cuál de las tareas que has identificado requiere un nuevo hábito. Ahora mira tus comportamientos que apoyan tu meta y date cuenta si estos son hábitos que debes formar. Al lado de cada acción que califique como un hábito, escribe cuándo vas a lograr esto, vinculándolo con los comportamientos existentes.

Si has escrito establecer intenciones, al lado, escribe cuándo lo vas a hacer. Asegúrate de vincularlo a algo que hagas regularmente para que sea lo más efectivo. Si vas en transporte público al trabajo, las buenas noticias es que puedes adquirir los hábitos de establecimiento de intenciones, visualización y afirmaciones positivas en tu ruta, y comenzar el día de la forma correcta - aunque debes saber que deberás vincularlo a algo más los días que no vas al trabajo. Si no tienes una rutina, como Jenna (de hecho conseguir una mejor rutina era uno de sus objetivos) o trabajas desde la casa, considera que esto no toma mucho tiempo, y que hay muchas cosas con las que se pueden vincular los nuevos hábitos. Establece intenciones mientras te vistes. Visualiza por cinco minutos cuando te levantas de la cama. Lo que sea que sirva para ti, hazlo parte de tu plan.

Ahora donde tu plan de acción involucre un nuevo hábito (sea en ruta al éxito o comportamientos que apoyen las metas) escribe a su lado cuándo lo vas a lograr, vinculándolo a una parte existente en tu rutina donde fuera posible.

Comenzando

Ahora tu plan de acción se está viendo bastante bien, con metas específicas, razones de por qué quieres lograrlo y cómo vas a lograrlo. ¡Y has identificado comportamientos y hábitos que apoyan tu meta que puedes utilizar para mantenerte con motivación y en camino! Hasta ahora, todo bien. Pero en este momento, tu plan es nada más un pedazo de papel. ¡Es hora de poner la *acción* en el plan de acción!

Para mucha gente, es el comienzo que es

el problema. Son propensos a dejar las cosas para después. Andy, por ejemplo, usualmente se dice a sí mismo, contemplando la habitual cerveza de las 7pm: *Comienzo mañana.*

Jenna, todavía acurrucada bajo el edredón al mediodía cuando su alarma estaba puesta a las 10 de la mañana, se está diciendo a sí misma: *Sólo otra media hora.* Ya lo ha hecho cuatro veces.

Y ese es el problema. No empezamos mañana. En lugar de ello, aplazamos otra vez la próxima fecha límite y otra vez la siguiente. Tal vez usted es una de esas personas que sólo empiezan nuevos regímenes los lunes, y cuando no lo logra el lunes, ¡Se da permiso de una semana entera de no comenzar!

No hace falta decir que aplazar significa que nunca va a suceder. Entonces, ¿por qué, cuando tenemos una meta que es importante para nosotros, la posponemos?

Como hemos discutido, aunque nuestra meta representa un fuerte deseo, también implica dejar ir lo que nos mantiene atascados, tolerar la incomodidad y tomar medidas para alcanzarla. Piense a cuando estaba leyendo las primeras páginas de este libro, subrayando estos principios y pasos que son requeridos para convertir sus metas en realidad. Supongo que no sonaba como un prospecto genial. Todos deseamos que hubiera una manera fácil, y que pudiéramos saltarnos la parte difícil. En realidad, queremos despertarnos en la mañana desesperados por levantarnos de la cama y no tener necesidad de una cerveza después del trabajo. Esto no va a suceder.

El problema con comenzar es que tenemos que empujarnos a nosotros mismos a hacer algo que no tiene ningún atractivo particular. Tenemos que estar motivados en el momento crítico cuando nos enfrentamos a una recompensa por hacer algo que decidimos dejar de hacer.

Le pregunté a Marcus por qué no había escrito nada por una semana. Él dijo: *Sigo dejándolo para después. Sé que debería hacerlo, pero no tengo ganas, supongo.*

Cuando le pregunté a Jenna por qué no

había comenzado a acostarse más temprano esta semana, como lo había planeado (habiendo fallado un lunes, ella decidió no hacer ningún cambio por toda la semana), dijo algo similar: *Oh, tuve un día tan difícil el lunes- el tanque de agua se rompió y fue todo un drama encontrar a alguien que lo arreglara. Después de eso no me sentía lista para ir a la cama aún. Quería relajarme primero.*

Como puede notar tanto Marcus y Jenna están esperando para el momento en que *sientan las ganas* de hacerlo. Están esperando ser superados por la necesidad de hacer la misma cosa que usualmente no hacen porque no tienen ganas. Si el sentimiento no está, están posponiendo su meta todavía más.

Esta clase de pensamiento está basado en una suposición clave que tanto Andy como Jenna están comprando:

Que 'sentir las ganas' es necesario para instigar un comportamiento.

No me malinterpreten: *Sentir las ganas*

con certeza ayuda enormemente. ¡Pero no hagas que tus metas dependan de que te sientas así! El cambio requiere dejar ir lo que nos mantiene atascados, tolerar la incomodidad y tomar medidas. No es probable que siempre estés de humor para esa mezcla tentadora. Así que no esperes 'sentirte así'.

Reconoce que cuando te despiertes por la mañana, es posible que no tengas ganas de levantarte de la cama. Puede que no tengas ganas de ir al gimnasio. Es posible que no tenga ganas de hacer afirmaciones de camino al trabajo.

Pero afortunadamente, vas a desacoplar la necesidad de sentirlo de hacerlo. Vas a tener una nueva creencia a partir de este momento: **Sentirlo no tiene nada que ver con hacerlo.**

Y no lo olvides, tienes mucha evidencia en tu vida de que sentirlo no es esencial para la acción. ¡Ayuda! Pero no es necesario. Hay un millón de cosas que hacemos todo el tiempo sin sentir las ganas – pagar los impuestos, atender un bebé en el medio de la noche, ¡hasta ir al trabajo! Lo hacemos de todas maneras porque sabemos que está en nuestros intereses (o los intereses de alguien importante para nosotros). Lo mismo será para los nuevos comportamientos que nos mueven hacia nuestras metas. Estos están en nuestros intereses y afortunadamente tenemos muy claro por qué los estamos haciendo para esos momentos de duda.

Esto se ajusta al principio de la incomodidad. La realidad es que vamos a sentirnos incómodos. Desafiarnos a nosotros mismos a salir de nuestra zona de confort es por definición incómodo. Pero también es así como expandimos nuestra zona de confort. Paradójicamente, al incomodarnos a corto plazo, tenemos mucha más comodidad a largo plazo. Cuando logres algo incómodo deberías felicitarte. Al hacer eso, estás realmente haciendo algo más grande que acercarte a tu meta: estás desarrollando tolerancia para hacer cosas que te incomoden. ¿Imaginas todos los cambios que puedes lograr cuando sientas comodidad con sentir incomodidad?

Entonces ¿Cómo puedo llevarme a hacerlo incluso cuando no me siento con ganas?

Te daré dos consejos:

- **En tu plan de acción, escríbete un mensaje para el futuro,** para cuando estés leyendo esto, y pensando *comienzo la otra semana*. Este mensaje puede ser algo simple: Una cita de algo que escuchaste, o una respuesta honesta y genuina a la pregunta de por qué haces lo que haces – pero más importante por qué estoy haciendo esto AHORA. El mensaje de Andy para simismo era: *No más excusas, ¡El tiempo es ahora!* Jenna encontró una cita del internet: *El secreto para salir adelante es comenzar.*
- **Inviértase en seguir adelante con ello.** En su plan de acción va a encontrar una fecha de inicio. A medida que esta fecha se acerque, trabaje en sus comportamientos que apoyan su meta. Fije su intención en comenzar en esta fecha. Dígale a la gente incluso. Visualice y emociónese por los cambios que va a hacer. Básicamente

¡Mentalízate! Incluso con tareas que no nos gusten mucho, cuando estamos mentalizados, nos sentimos decepcionados cuando no ocurren. Cuando estamos mentalizados en algo, posponerlo es más decepcionante que satisfactorio. ¡Ayúdate al comenzar ese proceso de una vez!

Transformando la identidad personal para ayudar al cambio

A menudo no cambiamos porque hacerlo nos pondría en desacuerdo con nuestro sentido de nosotros mismos. **Pregúntate: ¿Quién sería yo si logro esta meta?** Para algunos, esto es exactamente quienes quieren ser y todo está bien, pero para otros, podemos sentirnos un poco perdidos sin nuestro esfuerzo incesante. De hecho, si sentir mucho esfuerzo es parte de quienes éramos, cuando hayamos logrado aquello por lo que nos esforzamos, ¡nos sentimos perdidos!

El problema de la identidad personal viene a la vida particularmente alrededor de la idea de la pereza. Mucha gente se identifica a si mismos como perezosos. Ser perezoso básicamente significa no estar preparado para hacer lo requerido para llevar una meta a la realidad. Sin embargo, poca gente es realmente perezosa. La pereza no es un hecho fijo como tener los ojos cafés o azules. La pereza es un rasgo del contexto en el que nos encontramos. Podemos ser muy perezosos en ciertas áreas de la vida – como hacer ejercicio – pero ser muy productivo en otras, como la organización. A menudo, donde nos esforzamos vincula lo que nos motiva y lo que vemos importante. De tal forma, poca gente puede realmente ser catalogados como perezosos completamente.

Sin embargo, puede ser el caso que algunas personas amarran la palabra pereza con ellos mismos y encuentran que es una etiqueta bastante útil. En muchas ocasiones he trabajado con personas que me dicen alzando los hombros lo perezosos que son, sonriendo todo el tiempo como si fuera algo por lo que están más bien contentos. Y ellos pueden bien estarlo, porque al decir que *eres* perezoso te das permiso de *actuar* de forma perezosa.

Por otro lado, hay momentos en los que nos sentimos profundamente sin energía para hacer cualquier esfuerzo. Tal vez la apatía es un término más apropiado que la pereza, y esto puede ser signo de depresión. Si sentirse así es el caso, podrías sufrir de un caso largo y generalizado de apatía, y consultar a un terapista podría ser una buena idea.

Pero para aquellos para los que esto representa un pensamiento negativo más que un síntoma de algo más serio, entonces el primer paso – que aplica a cualquier pensamiento que tengas sobre ti – es para detenerte y mirar la realidad. ¿Eres realmente perezoso/sin voluntad/lo que sea que creas de ti mismo lo que contribuye a tu identidad personal, útil para ti? Pregúntate, ¿Tienes pereza todo el tiempo? ¿Todos los días, de todas las formas? Lo más seguro es que vas a descubrir que hay momentos en que sí y momentos en que no. Formula una frase más realista de ti mismo: Por ejemplo, cuando reté a Marcus que lo hiciera, dijo: *Soy el tipo de persona que puede ser perezoso a veces y tengo problema comenzando a escribir, pero cuando comienzo puedo trabajar por mucho tiempo y apegarme a ello.*

Esto es sobre hacer cambios en nuestro auto-concepto. Es muy fácil hacer una lista de características o comportamientos y decir que nosotros *somos* estas cosas, en oposición a que hacemos o somos esas cosas *a veces*. Es importante tener matices en nuestro auto entendimiento, y notar las excepciones y cuando hacemos cosas que retan positivamente nuestra auto imagen negativa.

Esto es más fácil de lograr entre más tengamos experiencias que apoyen nuestra versión matizada de nosotros mismos. Entre más hagamos cosas fuera de nuestro guion usual, más auto imagen e historia nos podemos decir sobre nuestros cambios.

Vamos a comenzar a vernos como la clase de persona que es capaz de cambiar, que está comprometida a las metas y que puede lograr las cosas.

Has este ejercicio:
Piensa en alguna creencia que tengas de ti-mismo. Por ejemplo:
Soy perezoso
No tengo voluntad
Soy inútil en auto disciplina
Ahora pregúntate: ¿Cuándo fue esto el caso? Escribe cinco ejemplos de cuando demostraste exactamente lo opuesto.
Ahora crea una nueva frase de auto identidad. Cuando hagas esto, asegúrate de utilizar la voz activa. Es decir, que lo dices para ti mismo, en vez de algo que te sucede a ti. Puede que sea algo así como:
Soy la clase de persona que se compromete a las cosas que son importantes para mí y ¡nunca me rindo!
Toma tu frase de auto identidad y escríbela en tu plan de acción. Más que eso, nota como hablas de ti mismo a ti mismo y a los demás. Cámbialo conscientemente. Si quieres cambiar algo de ti mismo, deja de decirlo como si fuera verdad. Por ejemplo, si quieres tener más aventuras, deja de decirle a todos lo poco aventurero que eres. Puede que sea

demasiado pronto (y no se sienta auténtico) redefinirte como super-aventurero, pero podrías por ejemplo decir: *Estoy abierto a nuevas experiencias!* Encontrar algo que sea cierto Y alineado con la persona que quieres ser.

Cuando la auto-ayuda se vuelve en un estorbo

A veces, podemos hacer algo que nos hace 'sentir' como si estuviéramos persiguiendo nuestras metas, pero es en realidad una forma de postergarlas. Puede que suene sorprendente, pero incluso en terapia o en auto-ayuda, puede ser que estemos 'reflexionando' para postergar 'hacer'.
Para algunas personas, especialmente para los que saltan a la acción rápidamente sin pensar las cosas mucho, es vital incorporar periodos de reflexión. Sin embargo, para otros, especialmente para aquellos que tienden a atorarse en pensar, analizar, planear rumiar y son lentos para actuar, necesitan tener en mente que incluso cosas que están diseñadas para ayudar pueden ser otra manera de evitar la

acción.

Tomen a Andy, por ejemplo. Él quiere tener pareja. Él sabe que las citas en línea son una buena manera de lograrlo pero aún no se ha puesto a escribir su perfil. Ha leído tres libros de auto-ayuda sobre disciplina y lograr las metas. Ahora está en sesiones de terapia. Decidió que escribirá su perfil hasta que haya perdido peso y haya trabajado sus problemas. Mientras que es valeroso y reconocible que Andy esté listo para ver sus problemas, yo me estaré preguntando si Andy está tomando la exploración de sus problemas como una manera de evitar actuar en ellos. Esto no significa que no vayas a terapia, simplemente significa que dentro de la terapia debe haber un foco en moverse a la acción y hacer de la terapia otra forma de postergarlo. Para que la terapia sea efectiva debe retar el proceso existente que hay alrededor de un problema. Entonces en este caso, Andy está en parte usando la terapia para mantener el problema con vida – y no tomar acción. La terapia necesita tanto apoyar como retar a

Andy a reconocer su proceso de estar evitando y volverse más cómodo con tomar riesgos emocionales.

¿Cómo saber si esto te aplica? Mira tu patrón. Si este es tu primer esfuerzo hacia un cambio significativo, entonces probablemente no te aplica. Por otro lado, si estás usando un gran número de formas de ayuda, como foros en línea, terapia, coaching, libros de auto ayuda, muchísimos análisis con tus amigos, etc, pero aún no has tomado acción, entonces puede que sea algo que debas considerar.

Por supuesto, trabajar en tus problemas es algo bueno (después de todo, de eso se trata este libro) y a menudo descubrimos que nuestra resistencia al cambio está profundamente arraigada, en cuyo caso ir a psicoterapia o consejería es una buena idea. Si siente que le beneficiaría la psicoterapia, puede encontrarme en www.sallyhiltontherapyonline.com y ofrezco consultación inicial gratuita a los lectores de este libro (Si la disponibilidad lo permite).

En general tenemos que saber que

hacemos cambios en nuestros pensamientos y sentimientos para hacer cambios en nuestro comportamiento. La idea es movernos de la reflexión a la acción y luego de vuelta a la reflexión, etc, en un sistema de retroalimentación. Al hacer esto estamos transformando nuestro pensamiento y luego ponemos a prueba en transformaciones en nuestras acciones y luego volvemos a pensar. Esencialmente es poner la teoría en práctica.

Mira de nuevo tu plan de acción. ¿Hay partes que no son realmente 'acción' y más sobre pensar, planear o explorar? Si es el caso, añade una acción a tu meta. Decir que una de tus 'rutas al éxito es *trabajar en terapia para explorar las razones detrás de mi resistencia a tomar riesgos emocionales*, ¡eso es admirable! La parte de la acción puede ser simplemente añadirle a la frase algo como *y luego haré tres cosas que me reten emocionalmente*. Puede que no sepas cómo se vea la parte de 'hacer', pero ¡asegúrate que esté!

Resolviendo el conflictointerno

Probablemente quieres dejar algo o comenzar algo, y pareciera que tus sentimientos no se alinean con tu meta (De otra forma lo estarías haciendo). Puede que, como Andy, quieras perder peso, o como Marcus, escribir una novela, pero solo una parte de ti quiere esto. La otra parte e ti quiere exactamente lo opuesto. La otra parte de Andy quiere comer pizza y tomar cerveza. Y esa otra parte de ti es muy poderosa. Cuando la gente quiere cambiar, lo que quieren a menudo es que la parte incómoda se calme y que no haya conflicto interno. Si estamos complemente decididos con la meta, por certeza lo vamos a conseguir.

Pero a menudo, no es tan simple. En escoger perseguir nuestras metas, nos perdemos de algunas cosas. Y si esas cosas son importantes para nosotros, tenemos la receta de un conflicto interno. Queremos dos cosas, y estas no son compatibles.

Cuando estás en un conflicto interno, una batalla está siendo llevada a cabo entre dos partes de ti. Si escuchas el diálogo, puedes darte cuenta que los discursos pueden ser categorizados como la figura del padre y la del niño. La parte del niño – la que dice *quiero, quiero, quiero*. Esta es la parte sobre la gratificación instantánea, no se preocupa por las consecuencias y es impulsiva. Puede incluso darse cuenta que cuando esta parte es la que le está dominando habla en voz de niño o que tiene el lenguaje corporal de un adolescente.

En contraste, la otra parte es a menudo muy paternal en su naturaleza. Llena de prohibiciones, de regaños, diciéndote lo que *deberías* hacer y posicionándose en superioridad moral. Cuando esta pelea está en plena acción, es como una discusión en tu cabeza:

Creo que comeré del pastel de la cocina.
Pero no tienes permiso ¡Estás a dieta!
Ah ¡al diablo la dieta! Haré dieta mañana.
No tienes fuerza de voluntad, esto es patético.
Ah, cállate. Deja de decirme qué hacer. Comeré pastel.

Como respondes a tu niño demandante

está usualmente arraigado en tu propia infancia.

A veces, cuando fuimos demasiado complacidos, no aprendemos auto disciplina, y se vuelve natural responder al *quiero* con *debo tener*.

En contraste, si no fuimos lo suficientemente complacidos puede que nos encontramos dándonos a nosotros mismos lo que no recibimos: mimándote, para compensar los padres negadores. A veces decirle *al diablo* a la voz paternal dentro de nosotros es lo que realmente le quisimos decir a nuestros padres reales cuando éstos nos decían que no.

Pero llegar a la raíz de por qué somos así no necesariamente cambia las cosas. Lo que necesitamos hacer para cambiar es la conversación. La forma más útil de hacer esto es moverse de un conflicto interno de padre-adulto a un diálogo interno de adulto a adulto. La auto charla de adulto difiere en que es arraigada en lo racional, apreciaciones de aquí-y-ahora, puede ver varias facetas y tiende a no ser tan polarizada. La auto charla de adulto no es sobre negar la emoción, negar los deseos, pero más sobre reconocerlos y sentarse con ellos. Cuando estés acercándote a un refrigerador, la auto charla de adulto podría ir en líneas de:

Me encantaría un poco de pastel, pero he tomado la decisión de priorizar mi salud en este momento, entonces no tendré pastel hoy. Es importante que me de gusto también, así que me daré un buen baño y leeré una revista.

La auto charla de adulto no está llena de *deberías*. Los *deberías* son de un padre. Las charlas de adulto reconoce la necesidad o el deseo, pero también toma esto en balance con la apreciación de consecuencias a largo plazo.

Separado de tu plan de acción, haz una lista de los pensamientos permisivos que notes en tu diálogo interno. Al lado de éstos, escribe un pensamiento de adulto que acepta las necesidades pero se compromete a la felicidad a largo plazo. Ahora escribe *estos últimos* en tu plan de acción bajo 'pensamientos de apoyo' o algo similar.

¿Y si le tenemos miedo al éxito?

Una de las formas en las que no alcanzamos nuestras metas es que al mismo tiempo le tenemos miedo al éxito. Indistintamente de tus intenciones conscientes, a veces nuestro inconsciente tiene una agenda distinta. Si nota que tiene un patrón de hacer buen progreso hacia sus metas pero se auto-sabotea, puede que signifique que tiene miedo al éxito, lo que realmente significa que tiene miedo a las *consecuencias* del éxito.

www.ingramcontent.com/pod-product-compliance
Lightning Source LLC
LaVergne TN
LVHW020423080526
838202LV00055B/5004